OBSERVATIONS CRITIQUES SUR LA TRAGEDIE D'HERODE ET MARIAMNE,
DE M. DE V....

Le prix est de vingt-cinq sols.

A PARIS,
Chez la Veuve de PIERRE RIBOU, seul Libraire de l'Académie Royale de Musique; Quai des Augustins, à la descente du Pont-Neuf, à l'Image Saint Loüis.

M. DCC. XXV.
Avec Approbation & Privilege du Roi.

Ex Bibliotheca D. Crozat

OBSERVATIONS CRITIQUES
SUR LA TRAGEDIE
D'HERODE
ET
MARIAMNE,
DE M. DE V....

'EST par une suite d'obfervations de proche en proche, c'eſt-à-dire de Scene en Scene, que j'entreprends de faire l'examen de la Tragedie d'Herode & Mariamne ; & c'eſt de l'expoſition ſeule des incidents qui la compoſent, & de leur liaiſon entr'eux, que je prétends tirer tous mes raiſonnements ſur une Piece qui a fait beaucoup de bruit d'abord, & qui a ſemblé à quelques-uns mettre ſon Auteur au deſſus de lui-même ; ce qui étoit pour M. de V.... le plus flateur de tous les éloges.

ACTE PREMIER.

La Scene s'ouvre par Mazael: c'est une créature de Salome; c'est un homme qui lui est dévoüé aux dépens de tous les sentiments de probité & d'honneur. Depuis le départ d'Herode, il a parcouru tous les Etats de ce Prince pour les contenir sous l'autorité de Salome. L'Auteur cependant n'a donné aucun caractere à Mazael; & si Herode en partant a laissé quelque titre à Salome pour gouverner à sa place, du moins Salome n'a point encore eu l'attache de Rome, & n'a pû mettre en œuvre l'autorité qui lui a été confiée.

Mazael.

Votre pouvoir n'est rien si Rome n'a parlé.

Quelle apparence y a-t'il donc que Salome par elle-même, ou par la négociation d'un homme sans aveu pût augmenter son crédit parmi les Juifs, lorsqu'Herode est cité à la Cour d'Auguste pour sa défection & pour ses brigandages; que le Peuple le croit en danger de sa tête, ou abandonné à l'esclavage? N'est-ce pas alors que le Sang de Mariamne doit reprendre tous ses droits, & que le Peuple voit renaître avec sa liberté cet amour pour le sang de ses Maîtres? C'est cependant dans cette situation que Mazael trouve moyen d'arrêter l'émotion & le soulevement des Provinces.

Mais j'ai parlé, Madame, & ce Peuple a tremblé.
Je leur ai peint Herode avec plus de puissance

Rentrant dans ses Etats suivi de la vengeance.

Mais je veux que ses representations ayent rappellé ce vieux respect qu'ils avoient pour Herode, & que Maziel en ait tiré quelque parti pour les desseins de Salome ; comment l'Auteur a-t'il pû lui faire dire un moment après à cette même Salome, lorsqu'elle lui apprend qu'en effet Herode va paroître avec plus de puissance & plus de gloire encore ?

Hé que deviendrez-vous
Quand la Reine en ces lieux reverra son Epoux ?

N'est-ce pas le retour seul d'Herode qui doit rassûrer Salome ? Qu'auroit-elle pû esperer de la proscription de son frere ? Le fond même d'intrigues & d'artifices qui la soutiennent, ne produiroit aucun effet sans la liberté & même sans les foiblesses & les fureurs de ce même frere. C'est aussi par là qu'elle compte de perdre la Reine : c'est une ressource toujours sûre dans ses mains ; elle a détaché à la suite d'Herode un homme chargé d'instructions secretes, Zarés, par qui elle nourrit, dit elle, les ennuis & la jalousie d'Herode, & elle a déja par lui poussé les choses si loin, que ce Prince a signé l'Arrêt de mort de la Reine, & Salome nous apprend que du fond de son Cabinet elle a conduit elle-même la main d'Herode.

SALOME.

Enfin j'ai sçû fixer son couroux incertain,
Il a signé l'Arrêt & j'ai conduit sa main.

A iij

Ainsi dès la premiere Scene Mariamne est condamnée. Herode en a signé l'Arrêt de mort, c'est à Róme qu'il l'a signé & sous les yeux d'Auguste. Le Spectateur apprend la condamnation de la Reine avant que de sçavoir son crime : car doit-on prendre pour le crime de Mariamne quelques reproches qu'elle a faits à son Mari, & un adieu de sa part un peu trop froid ? Quel lieu Salome a-t'elle pris pour son champ de bataille, & quel tems pour perdre Mariamne ? Le tems même qu'Herode est occupé de sa justification auprès d'Auguste, & qu'il seroit dangereux pour lui de surcharger sa conduite de nouveaux crimes & d'un attentat pareil à celui du suplice d'une Reine ? Et comment Salome elle-même oseroit-elle concourir à quelque chose d'aussi hardi & d'aussi terrible que l'execution de Mariamne, sous les yeux d'un Préteur tel que Varus, & qui même l'a déja reçûë en sa garde ?

MAZAEL.

Varus souffrira-t'il que l'on ose à sa vûë
Immoler une Reine en sa garde reçûë ?

Malgré toutes les representations de Mazael, Salome cherche à s'étourdir sur les inconvenients où elle s'expose, l'humeur & la passion l'emportent dans le cœur de la plus dissimulée & de la plus politique de toutes les femmes.

SALOME.

Mais quoiqu'on fasse enfin songeons à nous vanger.
Qu'on me vange, il suffit, le reste est peu de chose.

D'ailleurs seroit-il vraisemblable qu'Herode eût osé dicter cet Arrêt, lors même qu'il obtient son pardon d'Auguste, & que ce fût là l'essai de sa nouvelle faveur? Eût-il osé soüiller par un tel attentat une grace aussi inesperée que la sienne, & rapprocher d'une marque aussi éclatante de la clemence d'Auguste, un aussi grand exemple de férocité de sa part?

On ne sçait pas pourquoi Varus vient sur la Scene dans ce premier Acte. Il est trop haut & trop glorieux pour y venir chercher lui-même Mazael; il profita pourtant de cette occasion, pour le charger d'ordres assez importants pour lui être donnez independamment du hazard qui les fait rencontrer ensemble. Il y a quelqu'apparence qu'il ne se présente sur la Scene que pour faire confidence au Spectateur de l'amour qu'il a pour Mariamne. C'est le retour de Zarés à Jerusalem qui engage cette déclaration. Zarés est un Personnage muet dont l'intrigue n'est point développée; c'est lui qui a apporté de Rome l'Arrêt de mort de Mariamne tout signé. Varus à son arrivée le fait arrêter.

Mazael demeurez. Mandez à votre Maître
Que ses cruels desseins sont déja découverts,
Que son Ministre infâme est ici dans les fers.

Cependant dans le second Acte Salome nous fait entendre qu'Herode a révoqué de lui-même l'Arrêt qu'il a donné contre Mariamne.

De son fatal penchant l'ascendant ordinaire
A révoqué l'Arrêt dicté dans sa colere;

A iiij

J'en ai déja reçû les funestes avis,

Et Zarés à son Roi renvoyé par mépris...

Pourquoi Varus se fait-il un mérite d'avoir sauvé les jours de Mariamne, ou pourquoi Salome veut-elle lui en dérober la gloire ? C'étoit à l'Auteur à s'accorder avec lui-même.

ACTE SECOND.

L'Inexecution des ordres cruels que Zarés avoit apporté avoient déja mis à bout la politique de Mariamne. Ce n'est que du premier au second Acte qu'elle voit luire quelque esperance de se soutenir & de perdre Mariamne. C'est dans l'analyse qu'elle a fait des discours & des mouvements de Varus, qu'elle croit s'être apperçûë de quelque goût & de quelque complaisance de sa part pour la Reine.

Ce transport inquiet de son cœur agité

N'est point un simple effet de generosité ;

La tranquile pitié n'a point ce caractere.

Et c'est sur ces observations qu'elle charge Mazael d'examiner avec plus d'attention & de suite la conduite de Varus avec la Reine.

Faites veiller sur eux les regards mercenaires

De tous ces délateurs aujourd'hui nécessaires

Qui vendent les secrets de leurs Concitoyens.

Les impressions que Varus a reçûës des charmes de la Reine ; la connoissance particuliere de ses vertus ne peuvent être l'ouvrage d'un moment. Il a vû Mariamne plusieurs fois & longtems, il a pris insensiblement dans ses yeux ce poison enchanteur qui ne lui laisse plus de liberté ; il a saisi dans sa conversation le fond de son caractere. Il n'y a qu'à l'entendre.

L'aimable verité sur ses levres habite

. . . . .

Son devoir est sa loi. Sa tranquille innocence

Pardonne à ses Tyrans, &c.

Cependant Salome, cette femme si habile & si artificieuse, qui sçait jusques dans Rome même porter la jalousie & la douleur dans le cœur d'Herode, & qui peut l'assieger là de toutes parts, ignore non seulement tous les mouvements qui ont pû s'élever dans l'ame de Varus, mais une infinité de particularitez sur tout ce qui a dû se passer & preceder la pleine confiance que Mariamne avoit dans ce Préteur, & la déclaration qu'il vient de lui faire.

Mazael instruit du retour glorieux d'Herode, venoit de conseiller à Salome de prendre le parti de la dissimulation.

Songeons à la gagner n'ayant pû la détruire,

Et par de vains respects, par des soins assidus . . . .

Salome qui avoit rejetté ce sentiment y revient d'elle même, & c'est dans cet esprit qu'elle parle à Mariamne dans ce salon commun où chacun est sensé se présenter à propos pour instruire le Spectateur de ce qu'il a à dire, sans toutefois y être conduit nécessairement & selon les regles de l'art.

La façon dont Salome aborde Mariamne est pleine de politesse & de flaterie, & quoique la Reine n'ait pas lieu de prendre le change, il ne lui est point permis de traiter avec tant de hauteur & de mépris la sœur du Roi ; qu'elle s'écarte tant qu'elle voudra des sentiments de confiance, mais qu'elle ne s'éloigne point de ce qu'elle se doit à elle-même dans la personne de la sœur de son Mari. Il y a des bienseances sacrées pour tout le monde sans exception, & cette sortie si brusque sur Salome n'est nullement pardonnable & finit même trop grossierement.

MARIAMNE.

C'est à vos seuls remords que je vous abandonne,
Si toutefois après de si lâches efforts,
Un cœur comme le vôtre écoute les remords.

Aussi Salome qui croit devoir garder quelque moderation ne reste sur la Scene que pour donner le tems à Mazael d'essuyer un second trait de la mauvaise humeur de Mariamne.

Cet emportement indiscret ne pouvoit manquer d'être relevé par la confidente de Mariamne, qui ne lui allegue d'autre excuse que l'importance du projet qu'elle a dans la tête, & c'est ce projet même, qui, selon toutes les loix de la prudence humaine, devoit jetter dans les discours & dans l'exterieur de la Reine, quelque chose de plus posé, puisque dans ce moment tout devoit concourir à cacher les mouvements de son cœur, que la résolution qu'elle avoit prise devoit avoir mis dans une violente situation. Quelle est donc cette résolution ? C'est à Rome où Mariamne veut aller chercher un azile pour elle & pour ses enfants, & elle veut s'assurer pour cela de la protection & des secours de Varus. Elle n'est pas sûre de ne pas trouver son Mari en chemin ou du moins à la Cour d'Auguste, qui a comblé ce Prince de titres & d'honneurs. C'est ce que Mariamne ne peut point ignorer ; le retour d'Herode est établi dès le premier Acte.

MAZAEL.

Mais c'en est fait, Madame, il rentre en ses Etats.

Varus, qui doit en être instruit, n'a pû manquer d'en informer la Reine.

SALOME.

Non, non, l'heureux Herode à Cesar a sçû plaire ; Varus en est instruit.

Si Mariamne rencontre son Mari sur la route, à quoi s'expose-t'elle ? Et s'il n'est point encore parti de Rome, que peut-elle esperer d'Auguste, si ce n'est qu'il la raccommode avec son Mari ? Y auroit-il de la grace à elle de l'accuser lorsqu'Auguste lui pardonne à la face de tout l'Univers ? De quelle façon que ce soit, elle expose ses interêts & sa gloire même ; & sçait-elle si on ne croira point qu'elle se fie plus sur sa beauté que sur sa vertu ? Elle sent elle-même qu'il y a de la hardiesse dans son projet, ou elle a au moins la prudence de le rejetter sur sa Mere.

MARIAMNE.

Ma mere infortunée
Presse de mon départ l'heure déterminée.
Son esprit agité d'une juste terreur
Croit à tous les moments voir Herode en fureur,
Encore tout dégoutant du sang de sa famille
Venir à ses yeux même assassiner sa fille.

L'Auteur nous vient ici parler de la Mere de Mariamne assez mal à propos. Si elle vit encore, & si elle est à la Cour, comme il le faut supposer d'après lui, & ce qui est conforme à l'Histoire, pourquoi n'agit-elle point en personne dans un aussi grand jour que celui-là? Peut-être eût-il été plus raisonnable de la supposer morte & de mettre son ombre en jeu ; de la montrer à Mariamne dans l'horreur de la nuit, lui representer ses malheurs & tout ce qu'elle a à craindre encore, & lui conseillant elle-même son évasion par les mêmes motifs qui l'ont déterminée ; peut-être que cette apparition qui auroit paru avoir quelque chose de religieux & de sacré, eût coloré davantage le projet de Mariamne. D'ailleurs cela auroit donné lieu à M. de V.... d'enrichir sa Piece de traits & d'images où il est dans son fort, & qui est une ressource sûre pour les Auteurs qui n'ont que de l'esprit, que l'on peut dire être le plus petit present du Ciel, lorsqu'il n'est accompagné d'aucune autre partie essentielle.

Il est naturel de penser que Nabal, que Mariamne consulte, & qui est un Vieillard, qu'elle nous peint respectable par ses vertus & son experience, lui fera faire quelques réflexions sur son entreprise, & que lui-même y trouvera quelques inconvenients ; que du moins il n'approuvera point cette précipitation, & demandera des mesures plus justes. Mariamne en effet a pris son parti, & compte d'obtenir pour son départ les Vaisseaux de Varus, lorsqu'elle a été informée par Elise qu'il est sur le point de partir lui-même pour porter les ordres du Sénat aux Nations voisines.

ELISE.

Varus, aux Nations qui bornent cet Etat
Ira bientôt porter les ordres du Senat.

Nabal de son côté n'hésite pas un moment à approuver sa résolution. Bien plus, il lui fait une récapitulation exacte de tous ses malheurs ; il lui met devant les yeux de nouvelles considerations pour la déterminer à partir plutôt que plus tard, & il semble que des raisons particulieres lui fassent souhaiter à lui-même une évasion si prompte, & que l'approbation de Nabal ait sa source dans quelques sentiments secrets, & qu'il vérifie en quelque sorte ce que lui dit Varus dans la suite.

Heureux Vieillard . . . . vous vivrez auprès d'elle.

Il faut regarder dans Varus un Préteur Romain qui represente la personne d'Auguste & le Sénat même. C'est un Officier superieur chargé des ordres & des instructions de l'un & de l'autre, & qui porte avec lui un caractere qu'il doit respecter lui-même. Sa passion pour Mariamne doit etre subordonnée à ses devoirs & à sa dignité. Si on suppose pour un moment l'entreprise de Mariamne aussi délicate qu'elle l'est, la demande qu'elle va lui faire doit l'embarasser ; & à considerer la chose dans toutes les circonstances qui l'environnent, je ne sçai si Varus peut prendre sur lui l'execution de ce qu'il va lui promettre, & si il ne doit pas faire alte sur une pareille proposition. Est-il vraisemblable qu'il ne réponde à Mariamne que par une déclaration d'amour & par une assûrance positive de faire plus qu'elle ne souhaite de lui ?

Varus.

Mes gardes vous suivront jusques dans l'Italie.
Fuyez le Roi, rompez des nœuds infortunez.

Varus est séduit par la beauté de Mariamne, sa passion le gagne, Mariamne est surprise elle-même de voir le prompt effet de ses sollicitations ; elle craint de n'avoir trop obtenu & de n'avoir à rougir des bienfaits de Varus, elle se dérobe même à la suite d'un entretien qui pourroit faire quelque tort à l'estime qu'elle a pour lui.

Mariamne.

Je ne veux voir en vous qu'un Heros magnanime,
Qui jusqu'à ce moment merita mon estime.
Un plus long entretien pourroit vous en priver,
Seigneur, & je vous fuis pour vous le conserver.

Si Mariamne avoit à ne le point estimer par la liberté de ses discours, c'est un sentiment qu'elle doit déja avoir conçû. Varus ne peut rien ajoûter à ce qu'il a dit, & la déclaration ne peut être plus chargée. Je ne sçai après tout s'il n'y a point un peu d'art dans la replique de Mariamne, & si sa sortie n'est point celle d'une Coquette.

ACTE TROISIE'ME.

LE moment marqué pour le départ de Mariamne est l'instant même où Herode trompe sa Cour, & que par des chemins dérobez il se rend à l'appartement de la Reine où il la trouve encore, & a avec elle un assez long entretien. Cette entrevûë mise sur la Scene auroit peut-être fait une situation tres-vive. Quoiqu'il en soit, pendant qu'Herode essuye de nouveaux reproches de Mariamne, Varus occupe le Théâtre avec Idamas, qui a accompagné le Roi dans son voyage de Rome. Celui-ci dit à Varus qu'Herode va venir recevoir de ses mains le sacré Diadême, ce qui en effet devoit se faire dans une cérémonie auguste où éclatoit particulieremeut la grandeur des Romains dans une Cour étrangere. On ne comprend pas que Varus de son autorité privée supprime un cérémonial dont l'execution fait un de ses devoirs, & entre dans les ordres & les instructions qu'il a reçû du Sénat.

VARUS.

Idamas arrêtez.

Le Roi peut s'épargner ces frivoles hommages,

De l'amitié des Grands importuns témoignages,
D'un Peuple curieux trompeur amusement,
Qu'on étale avec pompe & que le cœur dément.

Il n'est point ici question que l'Auteur expose dans quel esprit se traitent ces renouvellements de puissances & d'autorité confirmées par les Romains, il s'agit d'un hommage reglé & qui doit être rendu à la grandeur Romaine & de marques exterieures d'une dépendance effective. Ce sentiment de Varus, qui renferme une moralité hors de sa place, ne peut être regardé que comme un faux-fuyant dont l'Auteur se sert pour ne point faire paroître ensemble sur la Scene Herode & Varus, ce qui est une faute essentielle dans sa Piece, & qu'il ne sçauroit justifier, tant par l'importance & la dignité des Personnages que par la subordination établie des Rois aux Romains, & est-il vraisemblable que Varus soit dans le Palais d'Herode, sans qu'il ait aucune entrevûë ni entretien avec lui, sur tout dans la part que l'un & l'autre doivent avoir à toutes les parties principales de l'action ? C'est même en présence d'Herode que Varus affecte de l'éviter.

Hé quoi ! Varus aussi semble éviter ma vûë.

Il ne reste dans l'esprit d'Herode en entrant sur la Scene aucune trace de tous les bons traitements & de tous les honneurs qu'il a reçûs d'Auguste. Il ne s'y montre que dans l'état du monde le plus violent, & ce n'est que contre lui-même qu'il est en colere. Mariamne ne revient à son souvenir qu'accompagnqu'accompagnée de toutes ses vertus. Quoiqu'Herode aussi vivement émû qu'il l'est par la présence & par les charmes de la Reine, après une assez longue absence, ne soit gueres pratiquable, & qu'il acheteroit aux dépends de sa gloire même la paix du ménage, l'Auteur cependant ne donne à Mazael ni à Salome aucune dexterité & souplesse de Courtisan ; l'un & l'autre heurte de front & tour à tour la passion d'Herode sans aucun autre moyen, pour appuyer la foi de leurs discours, que des mensonges concertez entr'eux, & dans lesquels Herode, qui a justifié Mariamne en tout, donne inconsiderement sans éclaircissements & sans examen. Herode venoit d'ordonner à sa sœur de s'éloigner de la Cour l'ordre même est pressant.

HERODE.

Murmurez, plaignez-moi, plaignez-vous, mais partez.

Quoiqu'avec un air d'obéïssance, elle ne laisse pas de se battre longtems en retraite, & ce n'est qu'à l'extremité qu'elle laisse échaper son secret, quoique du ton dont elle l'avoit pris d'abord, il ne paroissoit pas qu'elle voulût garder aucun ménagement pour Mariamne, ni que rien pût l'empêcher de venir au fait.

Connoissez Mariamne, & voyez votre honte.

C'est peu des fiers dedains dont son cœur est armé,

C'est peu de vous haïr, un autre en est aimé.

Et lorsque dans son étonnement & dans son trouble Herode presse Salome de lui nommer son

Rival, Mazael entre sur la Scene, & vient leur dire que Varus enleve Mariamne.

Il est étonnant qu'Herode soit entré dans l'appartement de Mariamne, qu'il l'ait entretenuë assez longtems, & que rien n'ait transpiré du secret de son évasion. Il est encore plus étonnant que le retour imprévû d'Herode n'ait rien changé au projet de cette évasion, & que Varus, qui doit être un Ministre prudent, n'ait pas songé à prévenir les inconvenients où il exposoit Mariamne & où il s'exposoit lui-même.

On peut bien juger qu'Herode aura bientôt rejoint Mariamne dans sa fuite, & s'il a pû sans aucun nouveau sujet de chagrin entrer dans un désespoir aussi violent que celui où il a paru en rentrant dans son Palais, dans quel emportement ne doit-il point paroître lorsqu'il surprend Mariamne dans une évasion concertée avec Varus, qu'il regarde comme son Rival ? Ecoutons sur cela Mazael parlant à Salome.

Vous avez vû tantôt ce spectacle inhumain,

Ces Esclaves tremblants égorgez de sa main,

Près de leurs corps sanglants la Reine évanoüie,

Le Roi le bras levé prêt à trancher sa vie ;

Ses fils baignez de pleurs embrassants ses genoux,

Et présentants leur tête au devant de ses coups.

Il faut avoüer qu'il y a un grand air de déclamation dans cette description-là. L'une de ces Marionnettes à qui l'Auteur fait joüer leur personnage, ne peut gueres avoir que deux ans ; il n'y a que quatre ans ou environ, au rapport de l'Auteur, qu'Herode a épousé Mariamne. C'est une chose merveilleuse qu'un enfant de deux ans, qui est baigné dans ses pleurs, qui embrasse les genoux de son pere, & qui présente sa tête au devant de ses coups. On se jette quelquefois dans ces anachronismes par consideration pour les Actrices, & pour leur sauver par là l'apparence d'un âge avancé. Il y a des Comediennes qui exigent ces ménagements-là, & qui ne sont pas contentes que le fard, les flambeaux, & le point de vûë, contribuent à cette jeunesse théâtrale, si tout cela n'est encore soutenu des complaisances du Poëte.

Mais qui croiroit que tout le desordre & tout le carnage qu'exerce Herode n'est que l'effet d'un mensonge ?

ACTE QUATRIE'ME.

Jamais, je l'avoüerai, plus heureuse apparence
N'a d'un mensonge adroit soutenu l'apparence.

Mais, n'en déplaise à M. de V.... ce mensonge est tres-grossier. Il n'étoit pas naturel que Varus s'enfuît avec Mariamne, & Herode étoit trop informé des mœurs des Romains pour se laisser surprendre avec tant de facilité. D'ailleurs, le mensonge, qui ose rarement s'introduire sur la Scene, n'y est souffert qu'avec des ménagements infinis. C'est derriere le Théatre que la Nourrice de Phedre informe Thésée d'une prétenduë violence d'Hyppolite. Il semble que le lieu de la Scene, le Sanctuaire du Théâtre, ou pour mieux dire la présence du Spectateur, ne doit gueres être soüillée par quelque chose d'aussi odieux que le mensonge, qui d'ailleurs ne manque jamais d'être suivi d'un desaveu par la personne même qui a osé le commettre, & qui se porte toujours à l'expier elle-même aux dépens de sa vie. Un Auteur a plus d'interêt qu'il ne pense de se renfermer dans les bienséances du Théâtre ; car sans cela il expose lui-même ses mœurs.

Quelqu'impression que ce mensonge ait fait sur Herode, Salome a raison de n'en être point rassurée : ce Prince a trop d'interêt d'apprendre la vérité, pour qu'elle ne craigne pas tous les éclaircissemens qu'il est à portée de recevoir, & il est étonnant que dans une conjoncture comme celle-là, Varus lui-même n'entreprenne point de justifier Mariamne ; ce n'est point aux voyes de fait qu'il employe qu'il faut recourir, il faut mettre en œuvre pour elle l'autorité des Romains & la dignité dont il est revêtu, il faut de la part d'Auguste & du Sénat demander justice à Herode de l'imposture de Mazael & de Salome, & c'est à Salome à faire face à tout par les ressources qu'elle trouve dans sa politique. Tout ce qu'elle apprehende ici, c'est qu'Herode ne veüille voir Mariamne avant que d'ordonner de sa destinée.

SALOME.

Et nous sommes perdus s'il voit encore la Reine.

Quelques raisons qu'elle apporte pour détourner le Roi d'une entrevûë dont elle a lieu de craindre les suites, Herode s'obstine à la voir, quand ce ne seroit que pour la confondre. Ce sentiment a sa nouveauté dans la Tragedie de Bajazeth, & c'est sur cela qu'Acomat dit à Osmin :

Je connois peu l'amour, mais j'ose te répondre

Qu'il n'est pas condamné puisqu'on veut le confondre.

L'Auteur qui a interêt de ménager un éclaircissement entre Herode & Mariamne, & qui regarde cette Scene comme une situation heureuse, ne s'est point embarassé comment dans la suite il se tireroit d'affaire, lorsque par la réconciliation qui doit être infaillible entr'eux, il se trouvera dans la nécessité de renverser ce changement d'état & de former la catastrophe; il regarde apparemment le personnage de Varus comme une ressource qui lui est sûre, & il s'en sert comme d'une machine. Il a fini son troisiéme Acte par la supposition qu'il fait des mouvements de Varus, il finit dans le même goût son quatriéme Acte. C'est dans cet Acte-là que l'attendrissement entre Herode & Mariamne est au p'us haut dégré de vivacité, & que Mariamne même commence à le tutoyer.

MARIAMNE.

Un juste repentir conduit-il tes transports,
Et pourrai-je en effet compter sur tes remords ?

Mazael, ce même Mazael qui est venu si chaudement à la fin du troisiéme Acte soutenir l'accusation de Salome, vient encore troubler ce raccommodement & renfoncer au cœur d'Herode un retour de tendresse & d'équité qui venoit de s'exalter à la satisfaction de tout le monde.

MAZAEL.

Seigneur, Varus est dans la place;
Dans le sang des Boureaux il a fait renverser
L'échafaut que Salome a déja fait dresser.

Herode à ce récit rentre tout à coup dans ses premieres fureurs, & ne laisse aucun intervale entre des mouvements aussi opposez que les siens. C'en est fait, il est convaincu de la perfidie de Mariamne, ou du moins l'Auteur ne lui laisse d'incertitude que pour donner quelque jeu à sa douleur dans le cinquiéme Acte.

Devroit-il etre question ici d'échafaut, lorsqu'il n'y a eu ni Procez instruit, ni condamnation dans les regles ? Est-ce que l'Auteur a crû ouvrir par là un beau champ à la valeur de Varus, quoique le renversement d'un échafaut ne change rien au sort d'une personne condamnée, & ne puisse être que l'ouvrage & l'amusement d'une vile populace ? Et d'ailleurs qu'est-ce qu'un échafaut renversé dans le sang des Boureaux longtems avant l'arrivée de ces mêmes Boureaux, qui ordinairement ne se rendent au lieu du supplice qu'avec les criminels, & qui sur tout dans cette occasion sont censez avoir été occupez autour de Mariamne, dont l'Auteur, aussi cruel qu'Herode, a fait charger les belles mains, les mains pures & innocentes, des fers les plus indignes & les plus pesants.

C'est là que soulevant ses mains appesanties
Du poids affreux des fers indignement flétries.

Insensiblement la Piece est conduite jusqu'au cinquiéme Acte. Mariamne respire un moment sans témoins ; ses malheurs l'ont préparée à cette fin tragique, & sa résignation est exemplaire. Il est difficile de dire dans ce moment où est le lieu de la Scene. Quoiqu'il en soit Varus vient avec audace enfoncer la porte. Qui ne croiroit à la façon dont il se présente que la vie de Mariamne est en sûreté ?

VARUS.

Fuyez vils ennemis qui gardez vôtre Reine ;
Romains, qu'on les enchaîne.

Il s'est dérobé d'un combat entre ses Soldats & ceux d'Herode ; Mariamne se refuse à ses secours : mais il lui a offert une retraite qui n'étoit plus à sa disposition, & il retourne au combat où il se fait tuer comme un sot. Sa défaite est peut-être le seul trait de ressemblance que l'Auteur de la Piece lui a ménagé avec ce Quintilius Varus qu'Auguste avoit fait Gouverneur de Syrie, & qu'il tira de là pour l'envoyer Préteur en Allemagne où il fit massacrer indiscretement tant de Légions Romaines, & où il périt indignement lui-même.

Pendant que Mariamne prend la folle résolution d'aller se jetter entre Hérode & Varus, Hérode rentre sur la Scene. Il est assez extraordinaire qu'Hérode & Varus sortent successivement du combat sans autre nécessité, que le besoin que l'Auteur a de les séparer pour les montrer l'un après l'autre au Spectateur.

L'Auteur en faisant mourir Varus dans le combat, & en faisant traiter avec si peu de ménagement un Préteur Romain, n'a-t'il point eu égard aux suites naturelles d'un tel évenement ? Le Spectateur n'a-t'il pas droit de lui demander compte de tous les inconvenients où Hérode exposoit par là son Royaume ? La majesté du nom Romain soüillée par l'effusion du sang de Varus, n'admet-elle point la colere d'Auguste & l'orgüeil du Sénat, & Rome ne voudra-t'elle point laver dans le sang de tout Jérusalem l'affront qu'elle vient de souffrir dans la personne de l'un de ses enfants?

Le reste du cinquiéme Acte rentre dans la disposition du cinquiéme Acte de la Mariamne de Tristan. L'Auteur, à la vérité, en a réservé les fureurs, qui sont trop longues en effet: mais il est fâcheux pour nous, qu'il ait négligé de faire usage de ces grands traits prophetiques, qui terminent la Piece de ce Poëte célebre. Quand on veut nous mettre sous les yeux des choses rebatuës, il faut au moins nous les ramener avec quelque choix, ou que la façon de les traiter lui donne les graces de la nouveauté. La douleur dont la mort de Mariamne, & les démonstrations qui prouvent son innocence, accablent Hérode, n'empêche pas qu'il n'ait quelque curiosité de sçavoir comment tout s'est passé dans l'execution de Mariamne.

Ah! Nabal achevez,

Achevez mon trépas par ce récit funeste.

Cette curiosité aussi indiscrete qu'elle est usée dans plusieurs de nos Tragedies, n'a pas pris dans les mains de M. de V.... un tour nouveau, & qui pût la rendre plus supportable. Elle ne sert qu'à couper le récit de la mort de Mariamne, qui n'est qu'une déclamation frivole, sans ordre, sans justesse ni vraisemblance, & où il n'y a ni images nobles, ni traits prophetiques. M. de V.... qui fait sortir Mariamne dans le dessein de s'aller jetter entre Hérode & Varus, mais qui pour tout fruit d'une entreprise qu'elle nous donne pour un noble desespoir, & même pour une inspiration du Ciel, tombe dans une embuscade de gens appostez par

Salome pour la conduire précipitamment au supplice, a dû au moins s'appercevoir qu'il falloit abreger le cérémonial de l'execution, & que Salome, qui conduit cette cruelle intrigue, étoit trop habile femme, pour affecter d'en faire un spectacle public : malgré tout cela, il n'a pas laissé de nous faire une peinture de Mariamne, comme d'une personne qui se présente avec tout l'appareil du supplice, & qui est conduite à l'échafaut avec ordre & dans une marche reglée. Bien plus, elle fait en mourant une longue harangue; elle est décapitée au milieu de tous les Prêtres & de toute la Pontificature, & à la vûë de tout le peuple Hébreu, qu'elle a consolé en chemin faisant, & qui en pousse au ciel des hurlements affreux. Mais ce qu'il y a observer, c'est que ce même peuple n'a que des pleurs & des cris à donner à la mort de Mariamne, lors même que Salome nous le dépeint comme un peuple redoutable qu'Hérode lui-même doit ménager.

SALOME.

Ah! mon frere aux Hebreux ne vous presentez pas,

Le peuple révolté demande votre vie.

Auguste demandoit compte à Quintilius Varus de tout le sang Romain qu'il avoit fait verser si imprudemment. Varus, s'écrioit-il dans sa douleur, rends moi mes Légions. On pourroit dans la Piece de M. de V.... redemander à ce même Varus le sang de Mariamne. C'est lui qui l'a précipitée dans les malheurs qui terminent sa vie.

REFLEXIONS SUR LE CARACTERE des Personnages.

TOus les caracteres sont manquez dans cette Tragedie. Varus traite les Dames Romaines avec une indignité qui n'est pas pardonnable à un Romain. Selon lui tout est corrompu à Rome jusqu'aux murs mêmes.

VARUS.

Dans nos murs corrompus de coupables beautez
Offrent de vains attraits à mes yeux révoltez.

. . . .

J'abhorrois, il est vrai, leur indigne conquête.

Il semble qu'il n'ait tenu qu'à lui de tirer parti de leurs foiblesses. Pour un homme dont les sentiments sont aussi épurez, il a bien mauvaise opinion d'autrui. Sa vertu nous scandalise & ne sert qu'à charger en lui un caractere équivoque. C'est un Ministre sans prudence, un Préteur sans consideration, un Romain sans dignité; c'est un homme amoureux sans esperance ni sans prétention, & qui joint à la continence d'un sot la vanité & l'indiscretion d'un petit maître.

Mazaël est un méchant homme, sans aucun motif ni interêt.

Nabal n'est qu'un Conseiller imprudent, qu'un Confident dangereux, qu'un bas Complaisant, & qui pour toutes regles dans ses conseils, n'a que les volontez de sa Maîtresse.

Hérode ne paroît sur la Scene, qu'avec la fureur d'un forcené & la honte d'un homme flétri. Il y a des Personnages qui conservent de la dignité par tout, & même dans leur fureur. Un aussi grand homme qu'Hérode doit au moins laisser échapper quelques-uns de ces traits qui le rendent dans son beau: mais du commencement jusqu'à la fin de la Piece, il est entierement dégradé; c'est un scelerat-né, qui ne sort jamais des accès de sa phrenesie.

Salome n'a qu'une ambition vague & qu'une crainte servile: elle est méchante sans esprit, souple par bassesse & non par dissimulation: elle n'a rien de concerté dans ses projets, & ne travaille, pour ainsi dire, à perdre Mariamne, qu'au jour la journée. Si Hérode avoit quelques intervales de raison, toutes les menées de Salome retomberoient sur elle-même. M. de V.... s'est pris à Mademoiselle de Seine du peu de succès du rôle de Salome: mais si cette Actrice, dont le début a été si brillant dans toutes les autres Pieces, n'a pas paru la même dans le rôle de Salome, c'est que le fond du caractere n'étoit susceptible d'aucun de ces tons qui ajoûtent encore à l'esprit de l'Auteur, & qu'il n'est pas possible à l'art d'une Comedienne de dépaïser l'esprit du Spectateur sur le fond d'un caractere vicieux.

Mariamne enfin n'est ici qu'une femme tres-inconsiderée; toutes ses plaintes sont ameres & sa douleur toujours farouche; c'est une sagesse mal entenduë que la sienne. L'irregularité ne seroit pas si imprudente ni si dangereuse; c'est une Reine qui n'est pas plus mesurée dans ses démarches que dans ses discours, & qui nous donne toujours pour vertu l'orgüeil de sa naissance & de ses titres.

Le défaut des caracteres ne naît ordinairement

que du mauvais fond d'une Piece. Pourquoi M. de V.... a-t'il rejetté tous ces grands traits, tous ces incidents que Joseph établit dans l'Histoire d'Hérode & de Mariamne, & qui portent avec eux un caractere de dignité, que la vérité donne toute seule, pour ne leur substituer que des évenements destituez de toute vraisemblance ?

On seroit bien fondé à reprocher ici à M. de V..... une infinité de ressemblances répanduës dans sa Piece. Tantôt il donne à Hérode les traits dont Racine nous a peint Néron ; tantôt il lui donne, en rentrant dans le sein de sa famille, les mêmes mouvements que ce grand Poëte a mis dans le cœur de Thésée. Zarés est un personnage muet, façonné sur l'Orcan de la Tragedie de Bajazeth, &c.

On a de la peine à comprendre les prétentions de M. de V.... dans la négligence qu'il affecte pour la rime. Le grand Corneille & l'illustre Racine l'ont respectée. Il n'est point de beaux Vers sans la richesse de la rime ; & la facilité qu'il y a à la trouver ne permet aucune excuse sur une singularité aussi bizarre. Voici quelle est sur cela la doctrine de M. Despreaux.

La rime est une esclave & ne doit qu'obéïr.

Lorsqu'à la bien chercher d'abord on s'évertuë,

L'esprit à la trouver aisement s'habituë.

Au joug de la raison sans peine elle flechit,

Et loin de la gêner, la sert & l'enrichit.

Quel est le Poëte, à l'exception de M. de V... qui jusqu'ici ait fait rimer *enfin* avec *Asmonéen ?*
Souvien-toi qu'il fut prêt d'exterminer enfin
Les restes odieux du sang Asmonéen.

REMARQUES SUR QUELQUES VERS de la Tragedie d'Hérode & Mariamne.

MAZAEL.

MAdame, il étoit tems que du moins ma présence
Des Hebreux inquiets confondît l'esperance.

Comment accorder dans l'esprit des Hébreux l'esperance & l'inquietude ?

MAZAEL.

Je l'avouë à regret, j'ai vû dans tous ces lieux
Mariamne adorée & son nom précieux.

A-t'on jamais dit un *nom précieux* ?

MAZAEL.

Et les Juifs en silence ont pleuré leur erreur.

Quelle dureté de Vers ! *pleuré leur erreur.*

SALOME.

Qui sçait même, qui sçait, si passé ce moment.

Passé ce moment, quelle construction !

Juge si son peril a sçû troubler mon cœur,
Moi qui borne à jamais mes vœux à son bonheur.
Moi qui rechercherois la mort la plus affreuse
Si ma mort un moment pouvoit la rendre heureuse.

Une mort affreuse pour un grand cœur ne peut être qu'une mort infame, un supplice honteux ; quel genre de souhait dans les premiers mouvements d'une passion naissante ?

VARUS.

Mais je respecte Herode assez pour me flater

Qu'il connoîtra le piege où l'on veut l'arrêter.

En quoi cette prudence d'Herode peut-elle flater Varus ?

VARUS.

Allez, que Mariamne en Reine soit servie,

Et respectez ses loix si vous aimez la vie.

Si vous aimez la vie est une façon de parler que Varus a dérobé à Philoctete.

VARUS.

Je voyois leur orgüeil accrû du deshonneur

Se montrer triomphant sur leur front sans pudeur.

Ces deux Vers sont plus durs que les Vers de la Pucelle.

VARUS.

Sur ce trône sanglant il laissoit en partage

A la fille des Rois la honte & l'esclavage.

A la fille des Rois, cette expression est trop vague.

VARUS.

Je prétends la vanger & non pas la séduire.

Le mot de *séduire* frise un peu l'obscenité.

D'ailleurs, Varus doit-il se croire assez de mérite pour pouvoir être séducteur ? De la façon dont il nous parle de Mariamne & de lui, elle n'est pas susceptible de séduction, ni lui d'aucune prétention deshonnête.

SALOME.

Et les mers & l'Amour, & Varus & le Roi,
Le Ciel, les Elements, tout s'arme contre moi.

Voilà des Vers bien bruyants pour nous dire une chose simple, qui est que le passage de Zarés sur mer a été un peu trop long.

SALOME.

Faites veiller sur eux les regards mercenaires
De tous ces délateurs aujourd'hui necessaires
Qui vendent les secrets de leurs concitoyens.

Quelle ignobilité de Vers prosaïques !

MARIAMNE.

Dans l'état où je suis c'est assez pour ma gloire,
Je puis vous pardonner, mais je ne puis vous croire.

La pensée du second Vers est un mot de Loüis XIII. sur le compte d'Anne d'Autriche, & sur ce qu'elle lui envoya dire au sujet de la conspiration de Chalais.

ELISE.

Vous dépendez ici d'un redoutable maître,
D'autant plus dangereux qu'il vous aime peut-être.

Voilà un peut-être bien placé. Est-ce à Elise à

mettre en doute si Hérode aime Mariamne ?

NABAL.

Cet effroi genereux.

Ces deux mots ne sont point faits l'un pour l'autre.

SALOME.

Vous voyez en ces lieux ma mere infortunée
Presser de mon départ l'heure déterminée.

Peut-on presser une heure déterminée ?

NABAL.

Si l'on vante avec droit son regne heureux & juste,
Si la terre avec joye embrasse ses genoux,
S'il merite sa gloire, il fera tout pour vous.

Avec joye ne dit pas ce que l'Auteur veut exprimer. C'est d'Auguste dont Nabal veut parler, & il lui fait de sa gloire un devoir de sauver Mariamne. Il devoit dire, si c'est avec raison & à juste titre que la terre embrasse les genoux d'Auguste. D'ailleurs, la terre embrasser les genoux de quelqu'un. Quelle métaphore ? Quelle image ?

Independamment du Palais d'Hérode où est le lieu de la Scene, chacun a son Palais.

Mariamne a le sien.

Qu'au fond de mon Palais on me fasse avertir

Salome a le sien.

Venez, Seigneur, venez au fond de mon Palais.
A vos esprits troublez daignez rendre la paix.

MARIAMNE.

MARIAMNE.

C'est assez que mes fils témoins de sa justice

Formez par son exemple à devenir Romains......

Ce n'est pas connoître les mœurs des Juifs, que de croire qu'ils imagineroient quelqu'avantage à devenir Romains. Si un Romain se met au dessus des Rois, un Juif croit sa Nation au dessus de tous les Peuples de la terre par son élection divine & la venuë du Messie l'attente même des Nations.

HERODE.

Quelle horreur devant moi s'est par tout répanduë?

Ciel! ne puis-je inspirer que l'horreur & l'effroi?

En horreur à la Reine....

Le mot d'horreur pour être mis trois fois en trois Vers de suite, doit être le terme favori de M. de V....

HERODE.

D'où vient qu'en la voyant mes entrailles frémissent?

Les entrailles sont muettes à la vûë d'une épouse. Ce n'est que du pere & de la mere aux enfans, ou des enfans à eux que la nature se trouble, ou bien d'un frere à une sœur ou d'une sœur à un frere. Aucun Poëte ne s'est avisé jusqu'ici de donner à l'amour le jeu & les mouvemens de la nature dont les droits sont sacrez.

MARIAMNE.

On enfonce la porte. Ah! qu'est-ce que je vois!

Enfoncer la porte, sont des expressions bien basses pour le Dramatique.

VARUS.

Venez, Reine, venez, secondez mes efforts,

Suivez mes pas. Marchons dans la foule des morts.

En vérité, voilà un compliment qui doit bien rassûrer Mariamne. Il n'y a point de sortie pour elle qu'un chemin tout couvert de morts & de mourants. Il faut qu'elle soutienne le courage de Varus, & se fasse jour avec lui dans l'horreur d'un combat.

VARUS.

Dans son perfide sang Mazael est plongé,

Et du moins à demi mon bras vous a vengé.

M. de V.... a-t'il oublié que Varus parle à Mariamne, & qu'il faut dire mon bras vous a vangée ?

MARIAMNE.

Et j'attends le trépas pour me justifier.

Voilà une mauvaise copie de ce beau Vers de Cinna où Emilie dit à Maxime :

Vien mourir avec moi pour te justifier.

On est bien éloigné d'ôter à M. de V.... l'avantage de faire quelquefois de beaux Vers : mais il ne faut pas toujours prendre pour beaux Vers en lui ceux qui paroissent avoir le plus d'éclat. Il y a en fait de Tragedie une séduction théâtrale dont l'honneur est partagé entre le Poëte & le Comedien. On est honteux souvent dans la lecture d'une Piece d'avoir applaudi à des Vers que l'on n'y retrouve plus les mêmes. J'en ai remarqué quelques-uns qui m'ont beaucoup plû dans leur simplicité. Tels sont les Vers suivants.

SALOME.

Vous qu'elle craint toujours ne la craignez-vous plus ?

HERODE.

Je veux sur mes Sujets regner en Citoyen.

MARIAMNE à *Herode*.

Respectez Mariamne & même son Epoux.

HERODE à *Mariamne*.

L'amour que j'ai pour vous vous tient lieu d'innocence.

Il faut pourtant remarquer que la pensée est de M. l'Abbé de Chaulieu, qu'elle est tirée de l'une de ses Pieces fugitives.

Il y a des Vers dans la Piece d'Herode & Mariamne qui ont frappé le Public, & qui ne m'ont pas fait la même impression. Tels sont les deux Vers suivants.

HERODE.

Craint, respecté du peuple, admiré mais haï,
J'ai des adorateurs & n'ai pas un ami.

Car outre que la pensée n'est pas de M. de V... je ne sçai pas bien si un homme peut dire de lui-même qu'il a des adorateurs, & s'il peut avoir des adorateurs sans que la vertu, qui excite seule l'adoration, lui puisse faire un seul ami. Le sens est

C ij

bien plus juste & plus beau dans M. de Corneille, lorsqu'il dit dans Cinna :

Et le peuple inegal à l'endroit des Tyrans ;
S'il les déteste morts les adore vivants.

C'est avoir poussé assez loin les observations sur une Tragedie qui n'a point été encore imprimée : mais comme elle a eu un grand nombre de representations, & que pendant longtems elle a fait le mouvement des conversations & des disputes litteraires, il a été facile d'en enlever le plan, de saisir les caracteres de ses Personnages & de retenir les morceaux de Poësie que la beauté ou le défaut des Vers rendoit plus sensibles.

La réputation d'un Auteur & le succès de ses Pieces, du moins pendant sa vie, dépend le plus souvent du caprice du Public. Il n'y a que le tems qui donne le sceau au mérite des Ouvrages & à la gloire des Poëtes. Nous en avons quelques-uns parmi nous dont l'orgüeil perce jusques dans l'avenir le plus reculé & joüit par avance des suffrages de la posterité, qui cependant ont déja survécu à leur réputation, si on s'en rapporte au jugement des Maîtres & des véritables Connoisseurs.

FIN.

APPROBATION.

J'Ai lû par ordre de Monseigneur le Garde des Sceaux ces *Observations sur la Tragedie de Mariamne*; & je n'y ai rien trouvé qui en doive empêcher l'impression. Fait à Paris ce 12. Août 1725.

FONTENELLE.

PRIVILEGE DU ROY.

LOUIS par la grace de Dieu, Roi de France & de Navarre: A nos amez & feaux Conseillers, les gens tenant nos Cours de Parlement, Maîtres des Requêtes ordinaires de notre Hôtel, Grand Conseil, Prevôt de Paris, Baillifs, Sénéchaux, leurs Lieutenans Civils, & autres nos Justiciers qu'il appartiendra, SALUT. Notre bien amée la Veuve RIBOU Libraire à Paris, Nous ayant fait supplier de lui accorder nos Lettres de Permission pour l'impression d'un Manuscrit qui a pour titre *Observations Critiques sur la Tragedie d'Herode & Mariamne de M. de V...* offrant pour cet effet de le faire imprimer en bon papier & en beaux caracteres, suivant la feüille imprimée & attachée pour modele sous le contre-scel des Presentes : Nous avons permis & permettons par ces Presentes à ladite Veuve Ribou de faire imprimer ledit Livre en un ou plusieurs Volumes, conjointement ou séparément, & autant de fois que bon lui semblera, sur papier & caracteres conformes à la feüille imprimée & attachée sous le contre-scel desdites Presentes, & de le faire vendre & débiter par tout notre Royaume, pendant le tems de trois années consecutives, à compter du jour de la datte desdites Presentes : Faisons défenses à tous Libraires, Imprimeurs & autres personnes, de quelque qualité & condition qu'elles soient, d'en introduire d'impression étrangere dans aucun lieu de notre obéïssance ; à la charge que ces Presentes seront enregistrées tout au long sur le Régistre de la Communauté des Libraires & Imprimeurs de Paris, & ce dans trois mois de la datte d'icelles ; que l'impression de ce Livre sera faite dans notre Royaume & non ailleurs, & que l'Impétran se conformera en tout aux Reglemens de la Librairie ; & notamment à celui du dixiéme Avril 1725. & qu'avant que de l'exposer en vente le Manuscrit ou Imprimé qui aura servi de copie à l'impression dudit Livre, sera remis dans le même état où l'Approbation y aura été donnée ès mains de notre tres-cher & féal Chevalier

Garde des Sceaux de France le Sieur Fleuriau d'Armenonville Commandeur de nos Ordres; & qu'il en sera ensuite remis deux Exemplaires dans notre Bibliotheque publique; un dans celle de notre Château du Louvre, & un dans celle de notredit tres-cher & féal Chevalier Garde des Sceaux de France le Sieur Fleuriau d'Armenonville, Commandeur de nos Ordres; le tout à peine de nullité des Présentes: Du contenu desquelles vous mandons & enjoignons de faire joüir l'Exposante ou ses ayans cause pleinement & paisiblement, sans souffrir qu'il leur soit fait aucun trouble ou empêchement: Voulons qu'à la Copie desdites Présentes qui sera imprimée tout au long au commencement ou à la fin dudit Livre foi soit ajoûtée comme à l'original; Commandons au premier notre Huissier ou Sergent de faire pour l'execution d'icelles tous Actes requis & nécessaires, sans demander autre permission, & nonobstant Clameur de Haro, Charte Normande, & Lettres à ce contraires: CAR tel est notre plaisir. DONNÉ à Fontainebleau le deuxiéme jour du mois de Septembre l'an de grace mil sept cent vingt-cinq, & de notre Regne le onziéme. Par le Roi en son Conseil.

CARPOT.

Registré sur le Registre sixiéme de la Chambre Royale des Libraires & Imprimeurs de Paris, Num. 274. fol. 223. conformément aux anciens Réglemens, confirmez par celui du 28. Février 1723. A Paris le sept Septembre mil sept cent vingt-cinq.

BRUNET, Syndic.

De l'Imprimerie de J. B. LAMESLE, ruë des Noyers, à la Minerve. 1725.

www.ingramcontent.com/pod-product-compliance
Lightning Source LLC
Chambersburg PA
CBHW060709050426
42451CB00010B/1357